S. et arts. N.º 3822.

L'abbé Sénglet marque
que ce livre a beaucoup
de réputation — on l'attribue à
un Président d'Espagnet de
Bordeaux qui s'étoit caché sous
ce faux nom de ch. impérial
comme dans un autre ouvrag
il a pris celui de Jeanbacho
il vivoit en 1620.

LE MIROIR

DES ALCHIMISTES,

où l'on voit les erreurs qui se font en la recerche de la Pierre Philosophalle, par explication de diuerses Sentences des Anciens Philosophes qui en ont escrit, soubs figures, analogies & couuertement au general.

AVEC

Instruction aux Dames, pour doresnauant estre belles & en conualescence, sans plus vser de leurs fards venimeux ordinaires

Par le Chevalier Imperial

In Amore & Timore [diuino] omnia

1609

IN CHARITATE SCRIBO.

Ceux qui ont eu plus de lumiere, d'intelligence des causes & des effects Superieurs, & inferieurs de la Nature, & de ses mysteres, ont esté la pluspart hommes pieux, & charitables, communiquants l'vtilité de leurs sciences par escrits, les vns l'ont faict familierement au general, les autres soubs quelque voyie, opuscule, figure, analogie, paradoxe, & allusion, selon la necessité, & la dignité du subiect qu'ils ont traitté, aux plus scauãts, enquoy ils sont vn chascun d'eux

louables: ils ont ce faisant accom-
pli le vouloir de nostre bon Dieu,
qui ayãt creé touttes choses pour
sa gloire, ordonne que le tout soit
approprié & cõneu pour l'vtilité
des hommes, lesquels il ayme de
tout son tout, bonté infinie, con-
digne d'vne deuotte reconnois-
sance, cela se voit par la declaration de touttes les sciences, & se
peut dire qu'il ne reste plus rien a
escrire, soit intelligiblement au
general, ou par figures, ou aux
Doctes, aux sages, lesquels en a-
yants la pure intelligence, sont
obligez d'en proffiter a leurs prochains, non seulement leur estre
vtils en quelque chose. Mais en
tout, & par la charité doyuent
aussi procurer de bannir & chas-
ser absolument, le mal, l'ignorance, l'erreur, le peché.

Ie suis homme Chrestien, par la
grace de Dieu, aymant comme i-

celuy tesmoigne, l'vtilité gene-
ralle, de tous mes freres Chrestiés
principallement & particulierement de la Nation Françoise (ie
n'obmets l'Allemande) *Orior ab v-*
troque, a laquelle ie desire tout bõ
heur, felicité, richesse, & Prospe-
rité, c'est neantmoins sans particuliere obligation, que de mon
zele singulier absolu, qui ne peut
s'augmenter, les temps le tesmoi-
gneront par les effects, Dieu aydant, ie n'ay rien oublié selon
ceste pure affection par le passé,
n'importe que i'en sois esté mal
fortuné, par la chassieure ingra-
titude de certains François, que
ie peux appeller viperiens, que
Dieu extermine telle engeance
dangereuse, pour le repos de la
France.

Voulant donc donner quelque
precaution de mon affection à la
France, au peuple François, i'a-

uois ces iours paſſez , me retrou-
uant en la ville de Bourdeaux, re-
tenu par quelque indiſpoſition,
cauſee de ma priſon de Lidie,
dequoy Dieu ordonnera la Iuſtice , contre l'iniuſtice, ineuitable-
ment, ſelon ſa volonté : Suyuant
laquelle ie forme mes diſpoſitiõs
&mes voyes, il en eſt le fidel con
ducteur & protecteur aſſuré, trâſ-
laté en la langue Frãçoiſe, vn diſ
cours nommé : *De Reſtauratione & re-*
nouatione hominum , & metallorum, faict
par ce grand Scrutateur de la nature & de ſes myſteres, *Aureolus,*
œuure tres-excellēt traicté, tres
riche , digne d'eſtre receu auec
beaucoup de ioye & conſolation
parce qu'il contient de grands
Secrets de la nature,& la gue-
riſon de diuerſes maladies , ou
tout cela eſt , nonobſtant l'ignorante opinion des Medecins hu-
moriſtes, qui admettent plnſieurs

maladies incurables, & bié qu’ainsi ne soit, *Quia nullus est morbus contra quem non sit inuenta medecina.* l’ignorance caufee par la pareffe, les faict ainfi blafphemer, & accufer la nature d’Impuiffance & relatiuement, la premiere caufe d’icelle, audict traicté cela fera mieux entendu.

Lequel traicté a efté retardé par la pareffe d’vn Imprimeur & ainfi *l’auons* remis & *differé* feulement iufques a noftre venue *en la ville monde*, cela fera bien toft Dieu aydant, noftre promeffe eft obligatoire, nous cheriffons verité, nous auons penfé en attendant de vous dire quelque chofe fans nous partir du mefme fuject, de la Philofophie Chimique: ceci fera grandement vtil a la France, & ailleurs.

Nous ayant rememoré, que pendant nos peregrinations par

l'Europe, ayant abordé plusieurs grands personnages, sages, doctes Philosophes exquis : Tous assez *curieux*, comme nous sommes esté *de nostre naturel*, recherchant l'intelligence *des Sciences*, les plus vtilles & honorables : Ainsi reuisitant les studieux , ie me suis souuent rencontré parmy vne *sorte de gens* que l'on nomme vulgairement, Alchimistes, bien que pour l'ignorance de la pluspart, nous leur donnerons plus proprement le nom de *Lacrimistes*, ausquels nous voulons parler par charité, esperant qu'ils proffiteront assez de nostre aduertissement : nous leur serions plus aggreable de fournir le but de leur intention d'enseigner de faire de l'or, de l'argent , nous nions sçauoir cela, nous n'entendons cela, & cela aussi ne s'enseigne familierement, à ce deffault, nous ferons beaucoup pour eux : nous leur cotterons leurs erreurs , leur ignorance, & en proffiteront , s'ils font charitables a eux mefmes.

Il y a plus de quatre mil ans, que beaucoup de perfonnes fe font addonnez a la recherche de ce qu'on appelle vulgairement , la *Pierre Philofophalle* , ou tranfmutation des imparfaicts metaux, comme l'argent vif, l'eftain , le plomp, le fer,& le cuiure : en argent & mieux en or , en laquelle recherche, le nombre eft petit de ceux qui ont trouué la perfection d'icelle mutation : A l'oppofite la multitude des pauures *Lacrimiftes* eft grande aufquels nous allons monftrer leur cecité en ladite fcience, nous en dirons fuffifamment pour cotter & monftrer leur erreur, que s'ils ne font *reprouuez* en leurs fens, ils defifteront de leur folies.

G v

commençons par ordre.

Le fidel François.

Comprenez si pouuez ceste doctrine solide du cheualier Imperial.

Nous disons Premierement.

Que le mot d'Alchemie, est proprement l'art de transf-muer, il y
a d'autres intelligences : celle-cy
est la vraye.

Nous annuons la verité de la
parfaicte transmutation des metaux, quelle se peut faire reelle-
ment & parfaitement, cest a dire,
que l'on peut transmuer & con-
uertir les imparfaicts metaux en
or, & aussi en argent, cela se peut
naturellement.

Telle operation est en la nature
des choses crées l'on en tire *le*
me dium, ou le moyen : mais entendez qu'icelle chose est *perfe-*
ction absolue, en sorte que rien ne
l'est dauentage, soubs l'accord

des sept Spheres , chose incor-
ruptible & *permanente* : l'extractió
d'vne seulle chose, sans addition,
par soy, en soy, de soy, operante absolument.

L'on ne faict, que ce que fait la
nature mesme, seulement l'on a-
uance du temps, l'on aide ou auan
ce on la nature , entendez ses effects.

Mais il faut trauailler auec , &
par la mesme matiere & voye que
faict la nature.

Voila ce que nous disons, & có-
fessons veritablement & naturellement se pouuoir faire.

Mais entendez, voyez combien
vous differez , ô *pauures sophi-
stes* , du vray chemin & moien
de paruenir a la connoissance &
intelligence de la parfaicte transmutation.

Vous recourez à la lecture des li-
ures, des Sentences, des dicts, des

Anciens Philosophes, mais vous
suyuez le sens litteral & ne pene-
trez le mistic, c'est aussi aux sages
qu'ils parlent, non a la trouppe
ignorante, oyez, escoutez nous
comme l'on paruient a la connoissance de ceste science tant desiree.

Il y a quatre voyes.

Par science infuse C A D, que
Dieu à vostre naissance vous ait
preordóné à cela, ou depuis vous
communique par sa puissance ceste science, don particulier & ra-
rement veu en ce ciecle present,
sinon le Seigneur Bom-bast.

Par reuelation, cela aussi est de
Dieu, don gratuit, ces deux voyes sont difficilles a l'homme
charnel.

Estre enseigné d'vn bon Esprit,
Sainct Pierre & Tobie sót morts,
Qui vult sumere oracula, vel dona diuina,
oportet sancte casteque viuere, ou sont
ceux-là qui le font, *Nigreque similis*

ſigno, voyez Lacrimiſtes pecheurs ou vous en eſtes.

La quatrieſme voye plus facille, eſtre enſeigné d'vn homme qui ait faict telle parfaicte tranſmutatió mais qui la ſcaura n'en dira rien, ou qui entende les Anciens.

Hors ces quatre voyes l'on n'y paruiendra iamais, ſachez l'vn, il vous manquera l'autre, vn poinct rompt le centre, la perfection de ceſte ſcience.

Car de vous arreſter au ſens ſitteral des Anciens, c'eſt en vain: moins aux eſcrits d'aucuns faux Philoſophes modernes, ô gardez vous d'ideux, certes ie les cenſure, auec peché, d'eſtre ainſi priué de charité, d'auoir eſcrit ſi puerlement & menſongerement, ateſtants les imprudens, ce qu'ils n'ont iamais veu, que cela eſt vituperable de iouer ſon honneur, & ſon Ame ſur du papier, auec

uanta leurs prochains , les cler-
voians les cognoiſſent auſsi-toſt,
& leur vilaine Sophiſterie , malitieux d'ainſi eſcrire familieremĕt,
diſent-ils, mais fauſſement, ce qui
apporte aux plus ignorants, beaucoup de dommage.

Parce qu'en voyant ces babil-
lards leurs ſecrets, poiſons, au
iour: incontinent les pauures Lacrimiſtes ſe mettent a les eſprou-
uer, a faire des deſpences, eſpe-
rants de ces maudits eſcrits nou-
ueaux, recompenſer leurs folies
paſſees, trouuer la febue au ga-
ſteau, hazardent le ſurplus de leurs
moyens, s'ils ſont petits, ſe voians
deceus, ſe recognoiſſent a l'hoſpi-
tal, au deſeſpoir, aucuns ſe porrét
a bone fauſſe monnoye, quelquefois
au gibet, a l'infamie, pour leur mi-
ſerable famille, Quelle cruauté, s'ils
ſont mediocres, ils viennent petits & pauures, garde la ſequence,

Paris en sçait bien des nouuelles, & ailleurs combien de fols Lacrimistes par la France : cessez cessez Lacrimistes doresnauant obligez noſtre charité de la croire, obseruez nous, escoutez nous, & donnez gloire a Dieu.

Que le sens litteral des anciens ne vous deçoyue plus, lequel nous semble different, leurs escrits dissemblables quaſi tous, pour vous il eſt vray , mais il n'eſt pas ainſi enuers les sages: car touttes leurs parolles ne tendent qu'à vne meſme fin : ils semblent tenir diuers chemins, cela n'eſt nullement, ils ont bien multiplié parolles non neceſſaires , & ont eſcrit quaſi tous sous figures & analogies, cela sa dheu faire iuſtement, parce que autrement eſcrire, ils euſſent plus proffité a la cõfuſion , qu'au bien commun.

Le fidel François.

Obseruez la doctrine de ce Cheualier, voyez si ie l'ay loué en vain.

Il escriuent neantmoins assez intelligiblement & veritablemét, a ceux qui sont illustrez d'esprit, aux sages de la nature, qui connoissent les racines mineralles, vege-talles, & animalles, aux bons arti-stes de la nature, qui connoissent le simple, le composé, la quinte essence, la difference des corps, du parfaict, de l'imparfaict, la forme, la matiere, laissons la priuation pour vous autre Lacrimistes, qui scauent differer, separer le corps, l'ame, l'esprit, retirer les premiers principes, les perfectionner absolu-ment, códitionnellemét, qui enté-dent la nature des choses cretes, es-coutez, les elements compsez, à composer, qui scauent, qui con-noissent qui cóposent, acheminét ceste eau seule, qui opere, qui fait l'alteration des parties, *mais vni-*que en l'operation , *Hoc Archanum,* Cela se faict naturellement m'entendez-vous, ie parle franchemét familierement, mais ie ne peux dire dauentage : *nous allons vous enseigner* : nous le pouuons faire, graces à Dieu, *pour entendre* fauorablement *les anciens*, & auoir pratiqué de bons maistres, vn seul *se Seigneur Pom-bast* excelle tous les autres, c'est *nostre* tres-honoré, *tres-cher frere* & amy.

Abandonnez donc tous vos souflets, vos drogues diuerses, tant de metaux, de seels, de poisons, qui empoisonnent la pluspart, Marchasites, pierres, vegetaux, semences tant diuerses, aucuns miserables ont vsez de la semence humaine, comme s'ils deuoient creer vne creature, ô quel peché, delaissez telles drogues a l'infini-

té, folies, choses estranges ne ser-
uent de rien, & nous commence-
rons par la diuersité de vos egre-
dients a monstrer leur inutilité,
Escoutez ce que dit

Le fidel Francois.

Prenez garde que le Cheualier
parle souuent mysterieusement
obseruez le diligemment.
DIOMEDES.

*Tu m'adiousteras aucune chose
estrange : chacune chose produict son
semblable, &c.*

GEBER.

*Nous m'adioustons rien d'e-
strange a nostre pierre.*

Oyez maintenant les Philosophes
parler figuratiuement, mais veritablement, assez intelligiblement
aux sages de la nature, & a vous
Lacrimistes nullement, qui vous
arrestez a la lettre qui vous tue,
côfond, & ruine la pluspart, amé-

dez-vous, escoutez.

MORIENVS.

C'estoit vn grand Philosophe, viuant du temps du Roy Caly, lequel le cherissoit comme vn vray enfant, & luy reciproquement le Roy, il luy donna *vn œuf*, remply d'vne pouldre proiectiue, ô *Dieu* iusques à quand *Fiat voluntas tua, & Qui tribulauerunt innocentem pereant*, il n'y a loin de Baccan à Rome, *Cum tempore, Sic & plus. D. M* Escoutons donc ce grand Philosophe.

Dealbate Latonem & dirripite libros vestros ne corda vestra corrumpantur.

Latonem, il faut du Laiton, & le blanchir, cela suffist, il ne faut autre chose, voila la matiere : ouy voyla l'explication des ignorans, ô pauures Lacrimistes, vous ferez certes mieux de prendre du Laiton pour faire des vstencilles de mesnage, des fers d'esguillettes,

que de l'appliquer follemẽt pour
en tirer quoy, rien, à faire la vraie
tranfmutation: Efcoutez l'intention de ce Sage.

Jl entend cela ainfi, que fa couleur
de fa matiere fera alors en vn certain temps, comme Lairtoy, blanchi,
quand elle y doit arriuer, combiẽ
ce degré doit eftre paffé, & lors
alteré, pourpaffer en couleur diuer-
fe, voyla fon intention Soy dealbare
latonem ou dealbate, fuis loquens: Oyõs
vn autre Sage.

DANDINVS.

Ce fut vn pieux perfonnage !
Serpent myftique, iufques a quãd
pour eftouffer fes figuratifs, adhuc
modicum, fufcitabitur de monte longuo Ser-
pens magnus, Quid eft venenum ex omnibus
exactum, Vous voila Lacrimiftes
aux venins, à l'antimoine, à fon
Mercure, en Sublimé en ce qu'il
contient, au Realgao, & a rece-
uoir telles femblables efpeffes, qui

vous payēt par leurs fumees fou-
uent de voſtre ignorance: il parle que quand *ſa couſeur certaine* ap-
paroiſt, alors voila ſon venin, qui
tue l'imperfeƈtion entierement
de tous les metaux imparfaiƈts.

*Quod album & rubeum ex vna radice
procedunt & nullius alterius annimiculo in-
diget.*

Cela eſt ſans enigme fort intel-
ligible ; il dit que la matiere ſe tire d'vne ſeulle racinne, ſoit pour
le blanc ſoit pour le Rouge, cela abſolument cenſure & reieƈte
tous vos egrediens, vos folies.

GEBER.

*Quem & Saturnum indurare martem &
venerem rubificare,* qu'entēdez-vous
Lacrimiſtes par ces quatre metaux, vous ne ſcauez que cela ſi-
gnifie, eſcoutez, apprenés, cela
s'entēd de la *diuerſité des couleurs*
vers la dealbation, apres la pu-

trefaction, la difference qu'il faut obseruer *par les degrez*. Tout doucement, ou vais-ie, me condamner par moy-mesme, d'auoir loué les anciens, parce qu'ils ont escrits figuratiuement: & ie parle intelligiblement? que ie donne le grain a mes Colombes, & que *les Corbeaux* le deuorent, ouy il le deuoreront Dieu aydant, le grain qu'ils *ont semez en moy*, *qui seminauit iniustitiam metet & in dolorem* : Nous ne donnerós au blanc encores, mais *nous serons tousiours blanc* Dieu aydant, iamais rouge, oyons

SENIOR.

Hic Sulfur est quod corpus denigrat & hostium aperit. Il faudra donc du soufre pour ouurir la porte, pour disoudre le corps, ouy pour le corps des faux monnoyeurs qui trompét le publicq par leur mauuaise monnoye, & luy mesme au gibet : ceux qui ne sont decelez *peribunt in peccatum.*

Cela s'entend figuratiuement, pour la couleur & *flux de la* ma-tiere en vn temps.

Et tant de noms *d'ingre diens di-nerez* nommez par les Philoso-phes, sont *figurez des couleurs* du feu, de la matiere, des acci-dens, *pendant l'operation*, alleguôs en aucuns, *Corpus Rubeum, aurig pimen-tum nostrum, Mars nouum, ferrum sulfur, color rubinus, terra alba, ignis, sol nostrum, vi-triolum nostrum, vitriolum rubeum, sanguis humanus, urina rubea, iacinthus masculus. Idem significant,* mais sont appropri-ez pour les accidens, comme dit est, pour *Calmeth, armabaos, armagass,* ces noms barbares estranges au commun, il a cousté cher a aucûs pour les entendre : car *le Latin* est a present a aucuns a bon pris, & bien *cher* aux autres : *o Dieu* tu m'entends, he cognois mon amer

tume : Helas pourquoy auiour-
d'huy *noſtre Salut* eſt il *mis en
figures*, qu'vn chaſcun pour ignorant qu'il ſoit interprete ini-
quement ton ſens, ta volonté,
clere en la Saincte Eſcriture, ſelõ
ſon iugement, & ſelon ſon ſens,
*les vns s'ignorent du tout, Ô com-
miſeration*, pauures *miſerables* &
aucuns malitieux. *Lacrimiſtes
ſpirituels* pourquoy *tenſez-vous
l'Eternel* & ſa iuſtice : O que ceſte tranſmutation ceſte *perfection*
qui floriſſoit *en l'anciennete* eſtoit
requiſe, ou en *ſommes nous re-
duits*, quelle compaſſion, *Oportet
eſſe hæreſes*, & quoy n'aurons nous
plus vn peu *de la vraye pouдре
pour remettre La verité en ſon luſtre*,
le temps pour tranſmuer, *conuer-
tir les imparfaicts*, tant de de-
uoyez, *Non eſt charitas, ceſſauit pietas,
rectum ceſſauit & æquum & ſtatin extremo
iam ruitura fides*. i'ay beaucoup pe-
regriné

negriné , *Helas* quel meslange,
quelle diuersité de poisons mettét
en leur *croyance* , ces pauures Lacrimistes spirituels *ô Dieu* aye
misericorde de tes factures.

Ie croy auoir dict assez, pour faire
reconnoistre a nos pauures Lacrimistes, leur ignorance & mauuais chemin qu'ils tiennent, pour
obtenir la perfection de la transf-
mutation des metaux: *nous voulons parler* vn peu a certains Docteurs modernes, gens plus rele-
uez que le commun en la cônois-
sance des autres sciences, qui pechent aussi lourdement que le
general, en la recherche d'icelle
transmutation, & parlant a eux,
nous irons elucidar quelque cho
se , *et un chascun y pourra* beaucoup *proffiter* s'ils sont solides a
la lecture, du moins ils verront
que *nous pouuons* par la grace
de Dieu , *corriger sta ignorance*,

H

& les releuer, pour cognoiſtre les erreurs en icelle ſcience tranſ mutatiue n'eſt peu, donnez la gloire a Dieu, nous refuſõs toute vanité & confeſſons ne rien meriter, *l'honneur ſeul eſt pour Dieu.*

Or *venons* premierement a noſtre eſcriuain moderne, qui ſe peine plus en la recherche de faire de l'or, qu'il ne deuroit, veu qu'il deuroit eſtre ſage par ſoy-meſme, & voyant combien il eſt eſlogné de la diſpoſition des voyes neceſſaires, cõme auſsi tous ceux qui s'eſtudient a ce biẽ tant deſiré, veu que Dieu cognoiſt leurs interieurs, ie ne iuge perſonne ſinon apres S. Iacques, ie demande a ces rechercheurs, ou ſont leurs œuures pour me faire croire tels qu'ils veullent eſtre veus, ie ſuis homme peu facille a eſtre ſeduict de l'Hypocriſie, ie penetre par la grace de Dieu, plus

outre, que l'on ne iuge de ma con
uerfation ordinaire, Dieu le veut
& l'obferue ferieufement *les
temps*, les perfonnes, les paroles,
qui ne m'arreftent en la foy, ie
vay plus haut, le nom du Seigneur foit beny.

Venerable conuerty, Prophete
nouueau (fans cognoiffance, n'y
Science des temps) Hiftoriogra-
phe moderne, *Anti-Caluin, Cayer*
de fciences, *& nouuelles*, de di-
uerfes langues, Lacrimifte, cro-
fté, mal monté, mal fondé en la
Chimie, *Ariftipus & courte* : vn
mot, puis que le beaucoup eft
honorable, ie dis en quantite, en
fcauoir, fans fcauoir, ie loue ce
Cayer des langues, la plume eft
copieufe, finon ferieufe, il n'importe c'eft toufiours vn beaucoup, le temps fe plaift au dire,
le filence eft au general marque
d'ignorance, vous voyla donc

mieux venu qu'heureux, & felon
le fens de l'efcriture, vous auez
mal therauoifé, ce font des effects du monde, tantoft bien tantoft mal (vous y eftes) l'on n'a
tout ce que l'on fouhaitte, que
l'on cherche, vous le voyez a la
recherche de cefte pierre Philofo-
phale que ne pouuez trouuer, elle eft inuifible a gens de courte
veue : Auriez-vous poinct ce
Sainct zele de Raymond Lulle,
f'ay que fe croift, & qu'ayant en
main la fcience, nous allions rui-
ner, defoler *Les Turcs*, les Huguenots vos anciens freres fe-
roient-ils efpargnez, & *les Efpa-
gnols* vous les laifferiez, puis
qu'ils font *Catholiques*, auffi fau-
droit-il : en verité i'ay peu d'ef-
perance de noftre ioye par vo-
ftre moyen, ie m'affure plus au
bras, qu'à la manche : & puis
que contre mon naturel, mais

pour cauſe , vous m'auez retiré de la bien ſeance, de rire par eſcrit auec perſonne , & que ie l'ay faict auec vous, diſcourons vn peu en François , ce ſeroit en vain de vous traicter de myſteres cõtenus és autres langues , que liſez aſſez bien , mais n'entendez ou eſt voſtre Syderé , iuſques à quand voulez vous pecher contre le Ciel , puis qu'eſtes reprouué à eſtre riche que tentez vous a vouloir faire de l'or-dure & ſolide bon au ciment real, Sophiſte auec Sophiſtes.

Et commençons, que croyez-vous.

Comment croiſt bon aux viſceres de la terre.

C. ignoro.

Quel eſt le principal de bon.

C. ignoro.

Quil ſe paſſe en perfection.

C. ignoro.

Vous voila peu ſçauant, ny de

croire que ce soit seul Le Soleil, qui le passe en son absolution, vous ne m'entendez Docteurs ie dis en sa perfection, *vnus agens non absolutus.*

De combien De partie est compo-sé l'or, ie vous veux ayder pour instruire le commun, respondez. C. De sel, soufre et mercure.

L'or donc est composé de ces trois parties, les ayant separement feritz vous bien De l'or, ou redui-riez-vous cela ensemble, en leur corps metalique côme ils estoiét auparauant en or.

C. Moy. Nonobstant diuerses despences, & folles experiences plusieurs que i'ay faictes, telle-ment qu'a present, i'en suis fort reduict, pour les commoditez, le credit & la reputation.

Certes venerable, Pseprophete Lacrimiste fortuné, piteusement si vous pouuez reduire ces trois

voſtres deſaſtres en leur forme
premiere, cela vous ſeroit bien
proffitable, mais l'aage vous me-
nace de l'impoſsibilité, de le pou
uoir iamais faire, toutesfois Dieu
eſt ſur tout, illumine auſsi bié ſur
les bons, que les mauuais, mais
differemment impartiſt ſes graces, courage eſtudiez encores.

Ie m'eſtonne beaucoup de vous
qui entendez les langues Orien-
tales, bon naturaliſte *in libro* ſans
praticque, confrere de nos Hu-
moriſtes, comment vous ne pe-
netrez aucunement l'intention
des Anciens Philoſophes, pourquoy ne liſez vous ententiue-
ment ce grand docteur de la nature Aureolus, lequel a ſurpaſſé toute l'antiquité, excepté *Hermes · am-*
bos fuerunt Patres archanorum naturæ.

Nous auôs encores ſoy quelquen
le Signeur Comte Bom-baſt, qui
ſe peut appeller, Aureolus, qui-

H iiij

racle de nostre temps, Science infuse : Mais puis que nous auons a
parler de ce Phœnix en Doctrine,
fauori du Ciel, de la nature, Secre
taire de ses mysteres, ce grand sage de la nature Aureolus, Signeur
de Hohenhein, confessons qu'il
a plus proffité que toutte l'antiquité (aux humains) particulierement aux chimistes, il enseigne a
ceux qui l'entédent, comme nous
faisons, par la grace de Dieu,
comme l'or croist en la terre, par
qui, en qui, il declare son princi-
pe, les principes de tous ses metaux, de chascun metal, de chascun
sel, et chascune pierre precieuse
voir apres leur coagulation, leur per
fection, leur entiere composition
de les retirer, voiez-le, entendez
le, comprenez curieux, nous en
dirons au traicté de la restauration suffisamment, ce que per-
fonne n'a encore faict en la lan-

gue Françoife, ny en autre langue intelligiblement, nous le ferons familierement, la gloire en
fera, eft, & foit a Dieu feul, parce
que la declaration fera requife
pour la fanté & guerifon des maladies: mais encores vn peu Docteur en parolles, difons & foit
par enfeignement.

Quand vous auriez ces principes, ce que ne pouuez dire, auec
tous les autres Lacrimiftes, *Num-*
quam audiuimus, nec cognouimus fcientiam,
madum, conficiendi: qu'en feriez vous,
de l'or, il faut bien fcauoir dauē-
tage, & il ne faut qu'vne chofe,
Sed mitto Archana cœli, nunc, ô la chofe
bonne que d'eftre fcauant en la
nature, la *pretieufe* chofe que cefte *poudre* tant defiree, fouhaitte
des grands, des petits: *quam querunt*
Reges & mundi principes & inuenire non
poſſunt, poudre qui de peu faict
beaucoup, admirable, mais veri-

table, transmutation, multiplica-
tion, *In infinitum*, science soue par
ses Anges mesmes, si nous ad-
mettons, le 4. d'Esdras au ch.
8. Interroge la terre, elle te dira qu'elle produit beaucoup de matiere ter-
restre pour faire les pots, mais pour
faire l'or elle ne donne qu'un petit
de poudre : cela est vray aux mi-
nieres, cela est vray, hors de la
miniere, & qui veut parfaicte-
ment trauailler, doit imiter la
nature, operer naturellement, Ayder seulement du temps la nature, mais qui entend comment cela
se fait louera Dieu, sans enseigner, ny se regime, ny ses degrez, ny
ses temps diuers, le reste se peut
penetrer, il faut entendre qu'il
y a un moyen d'y proceder de-
stiné par ordre, aussi il faut sca-
uoir, *quid agens, qualis patiens*, gardez
l'ordre, imitez la nature, nous ne
pouuons, ou ne voulons, vous estu-

cignu ce poinct, dauentage, recourez aux moyens necessaires.
Moyses porte des cornes hors de
la montagne, mais il n'enseigna au
peuple d'en porter.

Notaristiques comprenez, ie
ne dis Notaires, ie parle d'vne
science Angelique, finissons auec ce
Docteur.

Psoprophete forcez le ciel, que
predictes vous, vous qne m'entendez grossier (*in Deum*) auant la pie-
té, la chasteté, la saincteté de vie,
la fidelité a vostre prochain, ne
promettant plus rien par impreca-
tions, sans tenir, ça l'integrité
d'vne belle ame, Dieu cognoist
la vostre & plusieurs en iugent,
ça que le ciel vous enseigne a faire de l'or, De Oure permanente,
n'attendez plus qu'vn hôme vous
l'enseigne, cela ne se faict plus, &
personne mesme iamais (bien est
vray que ie parle au general) ne

vous en parler si familierement,
à Dieu doncq Caier de langues
sans vtilité, puis que ne pouuez
vous muer de Lacrimiste en Al-
chimiste *Vale cum paruo Asino lutato,*
in veste, cinique, sed secundum D. Bernar-
dum, humilis esto non sordidus.

¶ Turingeois qui vous a meu a escrire du Mercure d'or si haute-
ment, ignoramment, lequel vous
ne vistes iamais, pourquoy cittez vous les Anciens, soit de pro
portion, ou de verité, veu que ne
les entendez, ie vous ay penetré,
vous auez escrit pour mocquer
les ignorants, aussi qu'auez esté
deceu de vos labeurs, pour n'entendre le sens mistique des Anciens: accusez-en vostre sort qui
ne vous a enfanté sage, vostre
vengeance est iniuste & cruelle a
vous mesme, car les Sages lisans
vostre escrit vous condamne de
malice & d'ignoráce, deux grãds

vices: *nous voulons vous esclai-*cer & repondre.

Vous escriuez ou embarassez traictant *du mercure des Sages,* de vous mal entendu, & des au-tres Lacrimistes, escoutez, que cest aux sages qu'ils parlent, & non a vous, vous l'auez mal com-prins, mais i'ay recogneu le fon-dement mobile de vostre opinió, cest que quand les anciens disent *In auro sunt semina auri,* & qu'ils ont fuyui, *est substantia ab ære ventosa, fugi-tiua ab igne.* De la facillement vous auez comprins mal, & tiré vo-stre *consequence.* S'il faut que le su-ject de la pierre se tire de l'or, & que le mercure soit vne *des* trois parties de l'or, voila clairement enseigner que cest le Mercure: *Substantia fugitiua ab igne, ergo sublimatio,* que ie vous radresse & les *igno-rans,* escoutez.

Qui dirt que ce soit le Mercu-

re qu'il faille prendre pour faire
la pierre, cela est fol d'escrire selon son imagination, & non veritablement ; vous n'entendez nullement les Anciens, car quand ils
parlent *de ce Mercure* & de ce
qu'auons allegué : *Substantia ab ære.*
cela est *cmis* & entendu quand les
accidens passent d'vn degré a
l'autre, vers la putrefaction, &
encores apres la putrefaction,
quand les parties s'esleuent, en sepa-
rations &c.

En verité vous & ceux qui vous
ressemblent a escrire si impru-
demment, estes peu curieux de
vostre reputation, car les Philosophes, mesmes selon leur sens
litteral, lequel suiuez, vous de-
monstrent ignorants, & affin que
l'on ne croye plus a tels escri-
uains, & que l'on se donne de
garde de vos semblables doresnauant, voyons le desmentir a

vos opinions , par la *diuersité des noms* posez & escrits du suiect *de la matiere*, & bien que nous en ayons assez cittez cy deuant, maintenât a propos, n'auez vous obserué Senior qui crie & repete son sulfur.

L'Eau opérante: pourquoy non aussi le sel,

Terra est & est corpus elementare
Sal nostrum minerale.

Voyla parler du sel, pourquoy escrire que ce soit le Mercure, puis que les Philosophes le nomment quelquefois pour les accidens, pendant l'operation, oyez encor d'autres noms *saict virginal, ele-ment froid, eau mineralle, mercure minerel & viperel*, &c.

GEBER.

Notez bien ce qui s'ensuit.

Nostre art ne consiste a la multitude des choses diuerses, c'est
vne belle chose assauoir vne pierre, qui est le Mercure, or voyez
ce qu'il dit ailleurs.

GEBER.

Nous n'adiousterons rien d'e-
strange a nostre Pierre, sinon l'or
et l'argent, & bien comment cō-
prendrez vous Geber qui semble
se dedire, car il vient de prote-
ster qu'il ne faut qu'vne seulle
chose, vn mercure, & maintenant adiouste l'or et l'argent.

Toutes Lacrimisfes la lettre
vous confond, vous seduira tousiours : icy a l'escosse, & recours
aux moyens necessaires, obseruez cest escrit qui contient son
mistere, & laissez la multitude de
vos ingrediens, de vos folies: car
voicy que l'on vous le deffend
clairement encores.

Vous n'adiousterez pouldre, eau,
ne chose aucune, & ce Geber parle
icy absolument sagement & veri
tablement *Per Deum altissimum est cor-*
pus quod a lumine est & tinctura. Voyla
L'arrest donné, & ie finy il suffit,
ou ne pourroit suffire aux reprouuez de sens.

Recconnoissance pauures aueuglez
Alchimistes, icy a l'escolle, banis-
sez doresnauant vos fanfards, tãt
de diuersité d'ingrediens, tant
d'extractions de Mercures, tant
de poisons, tant de mineraux vegetaux, folies, tout cela est es-
crit(figuratiue)cessez cessez, &
obseruez nous, recourez aux moyens necessaires, le dernier me
semble le plus facil, toutesfois
tres difficil, qu'vn l'enseignera
vn autre, a faire de fou, cela ne se
faict plus, le passé rend sage le
temps present, fol celuy qui le

fera, qui si fiera, & parce que l'on pourroit desirer quelque exemple de ceux qui si font obliez d'enseigner telle science a autruy, nous en rapporterons succinctement, il seruira a ceux que Dieu voudra.

Raymond Lulle Espagnol, enseigna au Roy Edouart d'Angleterre, ce qui fut tres-preiudiciable a la France, neantmoins contre l'intention dudict Lulle, qui fasché contre ledict Edouart, ingrat enuers Dieu & luy, se porta en l'Affrique, ou il a esté escorché preschant la verité de Iesus-Christ.

Il y a plusieurs qui se peinent pour entendre le *Nigrŭ, nigrus, nigro,* dudict Raymond Lulle, *cui vult largitur Deus.* Il sert non seulement a la transmutation, mais en autre

chofe le prenant en viridité,
(m'entende qui pourra) parce
qu'en fa perfection, il ne feroit
propre a cela, Nous en parlerons
parlant aux Dames.

Le Pofonnic qui fe declara a Pezerol (gendre de la mauuoifien-
niere de Normandie) futtué par
ledit Pezerol, ledit Pezerol depuis pendu à Lyon , pour autre
delict, ayãt moqué le Roy Char-
les 9. La Royne d'Angleterre, le
Duc de Sauoye pere & autres(fa
poudre finie) ie m'en rapporte a
Iuuence qui demeure a Hanne-
baut proche Montfont en Normandie,qui porte les marques du
dict Pezerol au bras , ie l'ay veu
l'An 1604.

Le Bragadity defcrit par Vi-
lammont,fa poudre finie , a minie
en Bauieres, fut pendu, par or-
donnance du Duc Guillaume.

Le Cornard de Padoue Iusti-
fie fe dict *Bragadity*, ie m'en rapporte en ce qui en eft, tous ces
deux ont mal fini, Pezerol, iu-
ftement, Bragadien, ouy, ou
non : ie ne me plaids a conter
des hiftoires, mais celles cy font
vrayes.

L'Auftrichois l'An 1597. accu-
fé par vn hofte *meurt en prifon*, en
Boheme, pour faire l'opiniaftre,
a ne voulloir enfeigner, & fa fcience decede auec luy, ie ne peux
expliquer, pour caufe, cefte mort
dauentage, mais elle eft vraye.

L'An 1606. *a Stucart, Vn qui a-
uoit fa fcience*, violemment mené
audict lieu & ne voulant enfeigner, fut faict prifonnier, luy fe
faict mourir, pluftoft que de vouloir enfeigner : Ie regrette ce
dernier beaucoup, s'il m'euft
creu & paffé vers Alexandre en
la ville monde, puis que l'on

s'estoit moqué auparauant de luy a Pragues, ou les ministres sont tels qu'vn chascun scait, il eust causé vn bien,& non vn tel malheur.

I'eusse peu declairer ces quatre morts,& les causes,les circõstances, cela ne m'a peu aggreer ny semblé estre trop necessaire, vn autre en prendra la peine quand ils les entendra quelque iour de moy.

Commencons, a parler a *nous* *Dames* qui pauures *Lacrimistes* veullent faire la transmutation *de leurs visages*,vsant de dangereux & venimeux remedes,& nõ de ceux qui sont necessaires:lesquels elles apprendront de nous par charité,& quelles en louent Dieu seul.

AVX DAMES.

Dames, ayāt des yeux par la grace de Dieu, i'ay recogneu (bien que sans vous toucher) i'ay la veue subtille, vn mal, vn erreur, l'ignorance qui vous tient rigoureusement, & laquelle vous afflige pernitieusement, le fard veneneux qu'appliquez sur vos visages, escoutez nous, & nous croyez pour vostre bien & soulagement.

Vous vous fardez toutes, ou la pluspart, pour surpasser & auancer l'œuure de nature en vous, vous voulez estre (du moins paroistre) belles, a quel prix que ce soit, dangereuse resolution, veu qu'elle est causee en plusieurs, pour vne meschante fin.

Filles, si vous desirez d'estre belles pour complaire dauentage à ceux qui vous recherchêt pour mariage, ie loue vostre curiosité auec le Sage, la beauté de la femme resiouit les desirs de l'homme, Et aussi que la fille bien auisee iouyra de son mary: Cela donc a ceste intention est permis aux filles, aux femmes pour plaire a leurs maris, mais Helas comiseration de ce Siecle, ma veue est inutille pour penetrer ces Estheres, mais si c'est hors de mariage, pour plaire à plusieurs, ou pis pour attirer le vice, & se perdre dans le vice, ou cela n'est nullement permis, c'est vn vilain peché abominable, peché maudict de Dieu, voyez qu'en dict aussi l'Apostre, aux Ebrieux au chap. 13. & femmes lisez vostre deuoir, aux Ephesiens cha. 5.

croyez pluſtoſt l'Apoſtre que le
monde, le diable, & la chair, ô
gardez de tomber en ce delict a-
bominable, execrable deuant
Dieu l'Adultere, ne rompez le
lien de *mariage*, qu'eſt-ce que
mariage, oyez, *Sacramentũ in chriſto.*
& ſi ie parle aux Huguenots,
Secretum magnum, vel myſterium, penſés
y, ie vous parle charitablemẽt
& veritablement, *obſeruez la ve-*
rité, qu'il vous touche, ſcanda-
leux, *ne me iugez* d'hypocriſie,
Dieu me iuge, ie ſouffriray pluſtoſt la mort, que cognoiſtre v-
ne femme mariee, ceux qui me
cognoiſſent teſmoigneront ceſte
verité.

Voyons donq *qu'vſez* pour vous
farder, & plaſtrer vos viſages, ſi
apparammant vilainement, faux
viſages, mais ie vous enſeignerai
de les quitter.

Vous prenez la pluſpart *ſu-*
blimé,

limé, voyla vne mauuaise drogue
ô nous l'adoucissons, folie, ignorance, entendez que faictes auec
ce poison, le mettant *sur vostre visage*, aussi les verolez s'en font
frotter.

Sçachez que le Sublimé poison
par son humidité latente vous cause
de malheureux & dangereux accidents, aux vnes tost, aux autres pluftard (selon la force des
complexions) & la moindre ma-
ladie: c'est *la migraine*, qu'appel-
lez, ceste humidité venimeuse
passe, penetre, dans les veines,
putrefie le sang, la chair, alors accidents & *douleurs aux ioinctures*,
aux mufcles, *appoplexies, cathaires*,
la mort quelquefois, Docteurs
Medecine, pourquoy n'aduer-
tissez-vous ces pauures Dames,
pourquoy taisez-vous ces perni-
tieux accidents, *signorez vous*,
ou demandez vous, comme dict

I

le prouerbe, playe & bosse, cy
cela est *Abacuc parle a vous*,
au chap. 2. *Malediction sur celuy
qui conuoite le meschant* gain, ie suis
fort scandalisé de vostre silence
condemnable. Il y en a *qui pechent
par ignorance*, que cela soit, voyez
vous pas souuent des femmes de
Medecins plastrees comme les
autres, mal adoubees de ce fard
veneneux, Paracelse a parlé a
vous Medecins, voyez en Dariot
(qui eut plus d'affection que de
science.) Ie vous prie par chari-
téChrestienne, ie dis a vous mesmes, estre autres a l'aduenir, ie
vous espargne a present, pour
n'estre prolixe a perdre temps &
peine : veu que la pluspart se
plaist plus au gain, qu'à lascience,
Hoc vtile sed Latrociniũ est, & bien Dieu
vous veille inspirer a mieux, re-
tournons a nos *Dames*.
   Et Vos vermillons, Cam-

phres, ceruses, & autres telles es-
peces veneneuses, qu'en esperez
vous, que mal, si ces drogues sõt
mauuaises a tel vsage, ou vous en
voyez vous reduictes.

Les *dents noires*, les yeux m'y
perduz, le fard tousiours parois-
sant sur le visage, *faux visages*,
en l'aage de 40. comme de 100.
la pluspart hideusement laides, at
teintes de maladies, *incommoditez
et leurs membres*, alors, sans remedes. Quantité, sans qualité, de
Medecine ad extrahendum monetas,
non infirmitates, quia sanatur morbus, non
loquendo, sed curando per media necessaria,
qui non nouit naturam iniuste vocatur medi
cus.

Pourquoy n'vsez vous d'autres
remedes familiers a nature, &
réuoyer ces vilains plastres pour
les murailles, pour les images in-
sensibles, il y a tant de *beaux secrets* aux herbes, *aux pierres* pre-

cieuses, aux metaux, particulierement en l'argent pur, qui le scait
preparer ils sont sans poison, sans
plastres, sans apparence aucune de
fard, & semble que ce soit le visage naturel il ny paroist rien d'ad-
iousté, outre cela ces remedes,
ces eaux, ces huilles, sont dou-
blement proffitables, car premierement elles conseruent &
fortiffient la peau, les nerfs, les
veines, lors que l'on s'en oingt
seulement, secondement elles se
boyuent la pluspart pour la gue-
rison veritables de diuerses infir-
mitez la pluspart odorifferan-
tes & faisant vn sang pur : en verité ie m'estonne souuent,en ceste consideration , que parmy
plus de 25. mile Medecins qui
sont en France, quelqu'vn n'ait
encores enseigné de ces remedes
aysez a cognoistre en la nature
Indulgent plerique libentius volupta-

tibus, auaritiæ, ocio quam inquirendis naturæ secretis. quel pitié & dommage pour le publicq, Neantmoingts *maculati coram Deo pænam consequentur,* qu'ils y pensent.

Disons doncq quelques remedes a ces Dames, attendant qu'au traicté de la Restauration & renouation, nous leur en enseignerons familierement plusieurs, & faciles.

L'Eau de Talc se faict ainsi.

Par calcination simple, puis par eleuation en la putrefaction, se separent les parties, la superieure est celle qui est bonne pour le fard, elle est de particuliere obseruatiõ & grãd trauail, attendez que vous en verrez dans ce noel Dieu aydant, ceste eau ne fait ce que l'on croit, l'on se trompe au nom comme entendrez.

L'huille de perles se faict ainsi, Pillees grossement, digerez en

liqueur par vinaigre radical, reï-
terez, & auſsi retiré abſolument
l'huille, puis abluez par eau dou-
ce, aſſentee par deux fois, Abluez ainſi iuſques a perfection, lors
diſſoluez par le marbre, voyla la
vraye methode.

Ceſte huille ſert bien a d'autres
choſes, que pour le fard , contre
de grandes maladies , il ſera de-
clairé au traicté de la Reſtaura-
tion.

l'huille d'argent, fin copelé exacte-
ment , ſe fait ainſi il faut la main
d'vn bon maiſtre, d'vn expert di-
ſtillateur, ceſt icy le ſupreme fard
des femmes comme vous entendrez, fard le plus excellét de tous
les fards, c'eſt la vraye huille de
Talc, parce que la couleur eſt
ſemblable au Talc, pourquoi les
Anciens, aucuns, l'ont appellee,
huille de Talc : car l'eau de Talc
n'a ſemblable vertu : Ainſi plu-

ſieurs ont eſté deceuz cercheãts,
l'huille du Talc, comme certains
lacrimiſtes qui ayans leu, *Sanguis
humanus noſter*, dans les anciens,
prenoient cela pour le ſubieƈt de
la pierre , & cela eſt diƈt parce
que la matiere en vn certain téps
paſſe en ceſte couleur, *Non omnibus
datum eſt adire Corinthum*, La gloire à
Dieu, & rien pour nous qu'vne
bonne volonté a profiter a nos
prochains , comme nous ferons
touſiours volontiers, a la France
que nous cheriſſons cordialle-
ment, ou plus que nul autre, puis
que c'eſt ſans nul intereſt de pré-
dre, mais pluſtoſt de donner *Tan-
tum vnum differt tempus*. Dieu le faſſe
pour ſa gloire.

L'Argent ſe diſſould par liqueur
non corroſiue, c'eſt le mieux,
principalement pour en vſer par
la bouche. L'on retire la Calcination que l'on reuerbere, & lors

l'on dissould pour la secõde fois par le circulé, c'est en dissoluant, non corrosiue , mais l'on fera mieux ceste dissolution & plus vertueusement, par le *Nigrum, nigrius nigro*, de Raymond Lulle, cõme auons dict cy deuant, *en La Diuinité*. C'est vn parfaict disoluant, c'est vne liqueur miraculeuse en ses effects : Raymond Lulle ne la voulut declairer qu'à son amy Edoyart Roy d'Angleterre familierement, vous le verrez dans son *Vade mecum , Raimondij Lullij*, le grand *Bombast à qui, sepeliuit liquorem in Montem longuum & posuit illi signum sanctum, multi autem transierunt & considerauerunt secrete montem, ignorantes autem ea quæ in eo continentur, in confusionem multorum abierunt insipientes.*

L'on sçait qu'en nos armes *nous portons La Croix blanche*, Croix mysterieuse, blancheur supernaturelle , qui parmy la boue, le

noir, le rouge, *qui en toutes couleurs baignés, dans le sang souuent,* n'a iamais peu alterer sa couleur,
Dieu a faict cela, & son mystere
n'est petit, tout a propos, parlõs
nous, *vt aliqui confundentur,* reuenõs
à nostre huille.

Ainsi dissould l'argent pour la
seconde fois: vous commence-
rez alors *a separer les Elemens,*
premierement *par la generation,*
puis passerez en *l'alteration* & cõ-
clusiuement par *la fissation,* l'huille ainsi sera parfaite, *oleum optimum.*
L'huille de Tale vraye, huylle
tres-parfaicte pour les *Dames
Docteurs Medecins,* qui panna-
dez dans les palais *des Roys, des
Princes entendez vous cela,* si ouy,
voila qui va bien, nous serons
aux Indes bien tost, *ô Lydiens*
ô Lydiës, en verité, *al Padre Barios*
Prada tu disois bien, *el Barone otra
persona,* tu le disois par *Ironiam* ad-

L v

huc modicū videbis, et De° *nihil fruſtra facit* ᶴrançois mes tres-aymez freres, ᶴames , pardonnez a ces dif-
greſsions, qu'vn blanc iuſtement
offencé, biē qu'il enſeigne a vous
faire belles & blanches, parle a
vn Bazanné, ie ſuis humain, l'of-
fence eſt ſi grande qu'elle me ta-
lonne & m'afflige le cœur à l'ex-
tremité, & parlant cler, ie le ſuis
a la conſummatiō, non pour mō
particulier ains pour le general.
Mais Dieu a retiré mes pieds
de la foſſe inique, pour en pre-
cipiter pluſieurs ; ie ne parle en
paſsion : mais ey cognoiſſance plus
haute, ouy certaine, ouy verita-
ble ; mais dire dauentage ne pourroit proffiter ? Les bons eſprits me
comprendront prou, tout a bien
Dieu aidant, ie ſeray toſt a Macedonne vers Alexandre voir ſi
l'on s'acheminera ey Aſie. Darius
eſt foible, il veut donner beau-

coup : mais nous n'y participe-
rons iamais, l'autel a receu mon
iurement : ie ne le reuoqueray
iamais, mon frere aifné Aaron
a veu le veu, s'il fe retrouuera à
Macedonne, comme il m'a pro-
mis, il accuf ra mon intention, com
me i'eftois a traicter de la Grece,
l'on m'a veu acertener que le Sei
gneur Bon-baf eft à Famagofte,
nous luy auons auifé des temps,
luy requerant prouifion, felon la
necefsité, & que nous nous ren-
dions, nous deux mon frere aifné a Macedonne, i'efpere qu'il y
fera dans peu de mois, Dieu aydant, ie ne fcay ce pendant, fi
nous difpoferons Alexandre, i'ay
efcrit audit Seigneur que cela fe
tanteroit, cela ne pourra manquer
fi Numa aymera Rome : Dieu
fur tout, & eft pour nous, Adieu.

Nous eufsions volontiers nous
difpenfé d'efcrire des fards, cela

a esté selon la charité, pour obuier au mal des pauures Dames fupliãt à ceux qui nouscõnoiſſét, de ne iuger que la vanité, n'y l'amour ait prinſe (dans les fers) racinne en nous (nullement) finon ſe diuiſ, pour la miſericorde qu'auons receue, tres-grande, de ce Dieu tant bon, tout puiſſant, qui nous reſerue, i'eſpere, pour bien, pour ſon honneur, & pour ſa gloire, ma volonté eſt ſelon mon eſperance, & ma deuotion fidelle a mes amis, à mon ſang? les temps aſſureront des conceptions, que l'on fera de noſtre eſcrit, par tous bons & proffitables effects Dieu aydant,

Je deſire que l'oy iuge ſainement de ce petit traicté attendant que vous verrez bien toſt d'autres œuures ſelon nos loiſirs, & apres quelques mois l'on aura en langue Françoiſe, les eſcrits de Paracel-

se, intelligiblement Dieu aidant,
pour ce qui touchera la Mede-
cinne, car le reste ne doit estre
entendu de tous, mais de peu, que
nos ennemis n'ayent dequoy se
preualoir par nos armes, lesquel-
les les confondront és temps de-
stinés: cela est ineuitable.

Je preuoy suffisamment que quelques frelons, ignorants s'eston-
neront, & voudront impudem-
ment nous blasmer, ou d'auoir
escrit de la Chimie, de laquelle
ils sont les fidels ignorans, ou de
tenir vn stille, vn peu leur sem-
blera trop particulier a nous:
nous nous confirmons a Dieu, &
mesprisons de plaire aux sots,
nous escriuons bien a ceux qui
sçauent bien iuger, nous ne sommes a la censure de tels frippiers,
l'humeur libre disãs de nous mes
me, que si l'on dit pourquoi nous
escriuons plustost de la Mede-

cinne que d'autre matiere , ie le
faićt pour le deuoir & vouloir
faire, & pour proffiter : Ie suis
doncq Medecin auec Mithridate,
& Chimiſte auec Paracelſe ou Tri-
megiſte, ie ſcay que pluſi urs
choppant le mont, periront par
ignorance, & voudroient me li-
miter, ie limite les autres, par la
grace de Dieu, ou leurs paroles:
ſi l'on blaſme ma curioſité, les
fols meſpriſent les ſciences, dou-
tants la freneſie, nous la gueriſ-
ſons. Concluſion temeraires ignorante qui penſez me cognoiſtre,
iugez mes parolles au paſſage,
vous verrez que ie me ſuis des-
doſtrea : ſi l'on s'arreſte au lan-
guage, ie ſuis né hors de France,
ie ſuis doncq excuſable : ſi l'on
me blaſme de trop rechercher,
les ſots condamnent plus facillement
qu'ils ne comprennent ceux qui ſont hors
de blaſme & ſi l'on me veut argu-

er felon la cecité que ie parle de
Dieu, *ie me cognois le diable?* à
propos entendez que ie faict , &
que ie veux fcauoir raifonnable-
ment.

Premierement, tout ce qui eft
requis en mon falut, pour l'edifi-
cation des ignorans & confola-
tion de mes freres Chreftiens , *ie*
le voy dans les faincts cayers, i'y
voy, i'y *cognois,* i'y croy mon falut en *Iefus-Chrift,* ie m'en rapporte à Dieu, plus qu'à mon cu-
ré: que l'on me tienne pour heretique que d'aymer Dieu & fa
parolle, les ignorans parlent par
intereft.

Ie fuis Catholique par la grace
de Dieu, mais eftant curieux de
mon falut, & *non fi ignorant* que la
populace, ie fuis fort confolé en
mon ame que de fcauoir ce que
ie croy *Iefus-Chrift, & fa volonté
par fa parolle:* ne me fier en l'igno-

rance qui me pourroit perdre: ô
que la Lecture des saincte escripture
console vne ame, & la retire de
plusieurs pechez : s'il y a quelque
poinct, que nous n'entendions,
nous voyla aux Doctes, mais le
salut est esleu en Jesus Christ, que
ie sois Heretique pour lire la Bible,
& Catholique pour lire des fa-
bles, des songes, abominable iugement, interessé, aueugle & puant,
l'Eunuque de Candace, lisoit la saincte lettre, ce faisant, il obtient ot-
stre sauué, s'il s'en eust fié a vn autre, cela non.

La populace pourroit se con-
fondre és Epistres de S. Paul, en
l'Apocalipse, ie le confesse, qu'ils
y ait de fidels interpretes comme dict l'Apostre: cela ne me touche particulierement que par cô
passion & par charité, ma conso-
lation est aux saincte escripture, & bien
heureux qui lit l'Escriture, en crainte &

charité : ie dis eccy, pour cause de
certaine reprouuez, scandaleux
Epicures, faux Chrestiens, scandaleux, qui m'arguent de lire volontiers les saincts Escrits, & hais-
sent ma conuersation, mais i'abhor-
re la leur absolument, parce que
ie parle trop souuent de Dieu, &
que ie ne iure le nom de Dieu, que ie
ne suis auec les paillards tous les
iours en conuersation scandaleuse ; Ie
me tiens heureux d'estre hay de
plusieurs, pour ma vie & mon naturel qu'ils veullent reprendre,
sans alleguer cause qui ne me iu-
stifie : si bien ie confesse deuant
Dieu estre miserable & infirme
pescheur : Or a propos vn peu le
conte de ma conuersation en ce
monde, que fais-ie apres auoir
cherché Dieu dans la Bible.

Ie penetre les miracles de la nature, ses mysteres, ses vertus infuses, latentes, interieures, exterieures

essentielles, accidentelles, les causes,
les effects, les accidents, les benefices, les proprietez pourquoy.

Pour en louer le Createur, en proffitant a mes prochains par telle cognoissance, peu commune, pour l'en aymer dauentage, lequel a creé tout cela pour sa gloire, & pour l'vtilité de tous les hommes, Pour admirer Dieu en la beauté de sa creation, de ses creatures, en la diuersité des effects des mysteres, des proprietez de sa nature superieure et inferieure: en la multitude des choses crees, visibles & inuisibles: mais comprehensibles: Pour cognoistre vy seul Dieu en la concorde, l'ordre diuerse & preordonné de tant de beaux astres, Elemens contraires, qui agissent tous sans confusion, sans deffaut. L'antipathie, la Simpathie de tant de corps apparans & non parrois-

fants, le tout, en tout, par tout
faict confesser, adorer, vne verité, vne deité, non plusieurs volontez,
vne intention, vn Dieu seul,
glorifier Dieu, aymer Dieu, pour
les vertus infuses en touttes choses, és esprits, és sensitiues, insen-
sibles, és latens, aux cogneus par
les corps, és incogneuz, par la
raison apparente, és contraires,
iouyr de tant de benefices, de dons,
de sciences, de priuileges, o que
tresor, cognoistre le tout en tout:
Apprehender Dieu par la nature,
hors la nature par la foy, cognoistre vn seul Dieu par l'ame, le
louer, le benir par benedictions,
Pseaumes & Louanges, L'honnorer
par l'ame, par le corps, par le tout
en tout, à luy, à luy, a ce bon, à ce
grand Dieu l'honneur, la gloire,
la louange, à ce Dieu tout bon, à ce
tres-sainct Pere, liberal, & ma-
gnifique, qui fait salut a ceux qui

l'aiment, *qui le craignent*, qui font
en luy en touttes chofes, *qui font*
toufiours a luy IN AMORE
ET TIMORE OMNIA.
Voyla voyla enuieux reprou-
uez, *chardons* toufiours *piquants*,
Egyptiens confus, *trouppe aueuglee*
& condamnee de Dieu au chap.
7. de S. Mathieu, voila *ma richef-*
che, mon foin, mon repos, *ma*
richeffe, mon contentement, mes
cogitations, *mes oyfinetez effant*
feul, mon temps, *mon iour*, quafi
ma nuict, enquoy & *dequoy* ie tan-
te de proffiter à moy & à mes
prochains, & auec quoy *ie me pré-*
pare *vn perpetuel trefor*, iour
& lumiere.

Ie feray *toufiours* *femblable*
Dieu aidant, toufiours vn mefmes *a mieux faire* : ie prife plus la
fcience, la cognoiffance de Dieu,
de la nature, que tous les trefors
periffables. *en profperité* homme, *en*

aduerſité homme : l'ordre eſt ſemblable, c'eſt mon deſir & ambitiõ
ſur le fondement ſolide, IN A-
MORE ET TIMORE
(diuino) OMNIA.
Voyla la fin, iugez l'homme
par ces œuures, elles ſeront touſiours proffitables a la France,
Dieu aydant, ie conclus: ſupliant
à ce grand Dieu, vouloir conſer-
uer pluſieurs annees, le Roy, le
Prince deſiré, la Royne & toutte
la Royalle famille, & la France,
en toutte proſperité, & entendez François nos autres eſcrits
au pluſtoſt; Dieu ſoit auec vous,
tous en mutuel accord, ô qu'il eſt
neceſſaire.

SIC ET PLVS

D. M.